# VOYAGE

DE SON ALTESSE

## M$^{me}$ LA PRINCESSE BACIOCCHI

A BREST.

# VOYAGE

DE SON ALTESSE

# M^ME LA PRINCESSE BACIOCCHI

A BREST.

Septembre 1861.

BREST
J. B. & A. LEFOURNIER, LIBRAIRES,
Grand'Rue, 86.

1861.

S. A. Madame la princesse Baciocchi, qui, depuis trois ans, donne à la Bretagne tant de marques de son intérêt, vient d'honorer l'arrondissement de Brest d'une sollicitude que ce pays n'oubliera jamais.

Son Altesse, après avoir pris l'assentiment de l'Empereur, était venue présider à la fondation d'un établissement qui intéresse toute la jeune génération agricole du pays; elle ne devait passer que peu de moments à Brest; mais la vue de cet important arrondissement, dont la population dépasse celle de plusieurs départements, où s'agitent les plus grands projets, dont l'avenir commercial égale l'importance militaire, où les hommes, nourris des plus nobles sentiments, sont tous marins, soldats ou agriculteurs, que la visite de Leurs Majestés Impériales, en 1858, semble avoir touché d'une baguette magique, tant, depuis ce jour, toutes choses y prennent de merveilleux développements; — tout cela a captivé Son Altesse, et elle a visité les populations rurales, les côtes, les îles, répandant partout les bienfaits, au milieu des plus vives marques de dévouement à l'Empereur données par toutes les classes de la société.

De ces dix jours si remplis, nous nous bornerons à prendre, dans les compte-rendus qu'en ont donné les journaux, les trois journées de Guipavas, d'Ouessant et de Molène : la première consacrée aux agriculteurs, les deux dernières aux marins; et notre population rurale et maritime pourra ainsi conserver, comme elle le désire, le souvenir d'un voyage, où la haute sympathie qui lui a été témoignée l'a touchée plus encore que le bien même qui lui a été fait.

# INSTITUT AGRICOLE

DE

# GUIPAVAS.

Dimanche, 1er Septembre, a eu lieu à Guipavas une cérémonie qui intéressait au plus haut point tous les cultivateurs de l'arrondissement de Brest. Il s'agissait de la pose de la première pierre d'un vaste et bel établissement où seront reçus et instruits un grand nombre d'enfants de la campagne. S. A. Mme la princesse Baciocchi avait daigné venir présider à cette cérémonie. C'a été pour le pays l'occasion d'une grande fête, que le plus beau temps a favorisée et qui a été vraiment imposante. Mais ce ne sont pas les décors, les drapeaux, les guirlandes et les arcs de triomphe, bien que tout cela fût en grand nombre et disposé avec beaucoup de goût, qui lui ont donné ce caractère. C'est le sentiment qui circule dans les masses assemblées qui seul peut faire une cérémonie vraiment solennelle; et ce sentiment était si marqué sur tous les visages qu'il donnait à ce peuple immense de nos campagnes quelque chose de recueilli et de religieux qui impressionnait vivement.

Mme la princesse Baciocchi, accompagnée de Mme la marquise de Piré, de M. Soumain, sous-préfet de Brest, de M. le marquis de Piré, son chevalier d'honneur, et de M. Monferand, son secrétaire des commandements, avait désiré se rendre très-simplement à cette cérémonie qu'elle devait présider; mais, à la porte même de Brest, elle a rencontré des cultivateurs de Guipavas qui lui ont demandé la permission de l'accompagner à cheval. Au Pont-Neuf, limite de la commune, se trouvait encore une troupe nombreuse de cavaliers qui l'ont reçue avec des cris enthousiastes de *Vive l'Empereur*, et ont suivi sa voiture au grand trot, faisant à Son Altesse tout l'honneur qu'ils pouvaient et beaucoup de poussière. Mais Mme la princesse Baciocchi semble ne craindre ni la poussière ni la pluie, être uniquement préoccupée du bien des populations, et heureuse pourvu qu'elle le réalise.

A un kilomètre environ avant d'arriver au bourg de Guipavas, se trouvaient les frères des écoles chrétiennes, dont les nombreux élèves dépassent déjà le chiffre de 300. Ces enfants et leurs maîtres, drapeaux et bannières en tête, avaient voulu être les premiers à saluer leur protectrice, et les cris de *Vive l'Empereur*, les cris surtout, mille fois répétés par ces jeunes voix, de *Vive le Prince Impérial*, ont dû toucher Son Altesse.

Venaient ensuite sur deux rangs, ayant les sœurs à leur tête, les nombreuses élèves de l'école des filles. C'était, en effet, la fête de tous les enfants du pays, et il était bien juste qu'ils fussent les premiers dans cette cérémonie.

Son Altesse s'est arrêtée sous un bel arc de triomphe,

près duquel le maire de la commune, entouré de son conseil municipal et de flots de population, l'attendait. Le maire lui a exprimé toute la joie et la gratitude de la commune.

La Princesse s'est ensuite dirigée vers l'église, à la porte de laquelle se trouvait pour la recevoir le curé de la paroisse, entouré d'un nombreux clergé. La vaste église était pleine, et jamais le *Domine salvum* n'a été chanté par les voix mâles des hommes de la campagne avec des accents plus profonds et plus prénétrants.

Après cet acte religieux, la Princesse s'est rendue sur le lieu où devait se faire la bénédiction de la première pierre qu'elle venait poser. Quand les places ont été prises et que les spectateurs ont été groupés sur tous les points des champs environnants d'où ils pouvaient voir la cérémonie, ç'a été vraiment un beau spectacle. Mais, comme nous le disions plus haut, c'est le sentiment qui anime les populations qui émeut bien plus que toute autre chose, et quand le maire avec son conseil municipal, quand le curé en habits sacerdotaux, au milieu de tant de prêtres respectables qui l'entouraient, se sont trouvés placés devant Son Altesse et lui ont exprimé successivement leurs sentiments, ceux de leurs administrés et de leurs paroissiens, il a couru dans tous les cœurs une de ces émotions religieuses et patriotiques qui ont une force communicative quand elles se produisent au milieu de populations assemblées par milliers.

Le maire s'est exprimé en ces termes :

« Madame la Princesse,

» Il y a des dates qui restent gravées dans la mémoire
» des populations : celle du 1er septembre 1861 sera, pour

» Guipavas, une époque qui se perpétuera de génération » en génération.

» Pendant trop longtemps l'instruction de la jeunesse a » été bien en arrière de ce qu'elle aurait dû être dans nos » contrées; mais un avenir meilleur pour notre jeune » population qui grandit nous est assuré. Votre présence » parmi nous, Madame la Princesse, en est le gage certain.

» Grâce à notre digne sous-préfet, qui veille avec un » infatigable zèle, une sollicitude si active, aux intérêts des » populations de son arrondissement, nous avons projeté » la création d'un vaste établissement devant servir à l'en- » seignement primaire et à l'enseignement agricole théo- » rique et pratique, où pourront être élevés et instruits » non-seulement nos enfants, mais encore ceux des com- » munes voisines.

» Sachant, Madame la Princesse, combien vous êtes » dévouée aux intérêts agricoles, connaissant tout le bien » que vous répandez autour de vous, les heureuses trans- » formations que vous dirigez sur un point de notre Bre- » tagne qui n'était naguère encore qu'à l'état de landes » incultes, pénétrés surtout de ce sentiment que, pour la » réalisation de notre projet, il ne fallait rien moins que » votre haut patronage, nous avons pris la respectueuse » liberté de nous adresser à votre bienveillance pour » l'obtenir.

» Grâces vous soient rendues, Madame la Princesse, de » l'insigne honneur que vous avez la bonté de nous accor- » der aujourd'hui. Daignez agréer le respectueux hommage » de notre profonde gratitude. Toute crainte est dissipée » pour le succès de notre institut agricole. En posant la » première assise de cet édifice, vous allez en assurer le

» prompt avenir, et bientôt, sur cet emplacement même, » des centaines d'enfants apprendront à bénir le nom de » l'Empereur.

» Il nous reste une dernière prière à adresser à Votre » Altesse, c'est d'être notre interprète près de notre géné- » reux Empereur, vers qui vous aimez toujours à faire » remonter le bien que vous faites, près de notre vénérée » Impératrice et du Prince Impérial. Dites-leur, Madame » la Princesse, que notre amour et notre dévouement pour » eux sont sans borne, et que les sentiments qui nous ani- » ment, nous saurons les transmettre à nos enfants. »

Après ce discours, le curé a pris la parole :

« MADAME,

» La Religion a des bénédictions pour tout ce qui peut » contribuer au bien-être et au progrès de la société. C'est » ainsi qu'elle se plaît à mettre sous la protection du ciel » ces vastes découvertes de l'esprit humain qui, par la » vapeur et l'électricité, enfantent tous les jours des mer- » veilles étonnantes. C'est encore ainsi qu'elle prie pour le » succès de ces nobles entreprises dues au génie impérial » et qui n'ont d'autre but que d'étendre partout l'influence » et la gloire du nom français. Mais ce qu'elle aime sur- » tout à bénir, ce sont ces institutions bienfaisantes » destinées à propager dans une classe intéressante de » la société, avec l'amour de l'agriculture, celui de l'ins- » truction et de la civilisation chrétienne.

» Vous le savez, Madame, la catholique Bretagne est » aussi attachée à son sol qu'à sa foi. C'est donc réaliser le » vœu exprimé par l'auguste chef de votre dynastie, que » de lui faciliter les moyens de puiser dans les richesses

» de ce sol les éléments d'une vie simple, aisée et chré-» tienne.

» Aussi est-ce avec bonheur que nous venons appeler les » faveurs d'en haut sur cet institut naissant de jeunes » agriculteurs que vous daignez prendre sous votre patro-» nage. Rien ne peut en mieux présager l'avenir que la » protection d'une princesse si connue dans toute cette » province par son zèle pour l'agriculture et ses œuvres » de bienfaisance publique.

» Madame, ce qui honore les princes aux yeux de Dieu » et des peuples, ce n'est pas tant l'auréole de gloire qui » les entoure que l'exemple des vertus chrétiennes qu'ils » pratiquent, et, à ce titre, Madame, nous sommes fiers » de voir au milieu de nous celle qui, loin des splendeurs » de la cour, semble avoir consacré sa noble existence à » visiter nos hameaux, à féconder nos champs et à » répandre sur ses pas l'abondance et la joie. De pareils » exemples portent avec eux leur enseignement et vous » assurent dans nos cœurs un empire aussi solide que celui » de la naissance et du rang. Non, jamais les bons habi-» tants de Guipavas n'oublieront la faveur que vous leur » accordez aujourd'hui, grâce à l'excellent sous-préfet » qui est la seconde providence de cet arrondissement, et » le ciel sera témoin des prières qu'ils lui adresseront pour » votre prospérité et celle de la FAMILLE IMPÉRIALE. »

Le curé a ensuite procédé à la bénédiction des fondations de l'édifice. Quand Son Altesse est venue, suivant l'usage, mettre un peu de ciment et frapper cette pierre, chacun a remarqué la satisfaction qui rayonnait sur son visage. Toutes les bonnes œuvres réjouissent, mais ce sont surtout celles d'une grande portée que les princes recherchent, et Son Altesse sentait sans doute, en frappant cette pierre, qu'elle était pleine de résultats l'œuvre qu'elle fondait. Nous avons entendu dire que, voulant s'y associer plus étroitement, elle avait remis au maire une somme de mille francs.

Après cette touchante cérémonie, comme s'ils étaient déjà en possession de leur institut, tous les enfants sont venus entourer leur bienfaitrice, et lui ont offert un bouquet et adressé un charmant compliment. Son Altesse a ensuite donné la parole au sous-préfet qui s'est exprimé en ces termes :

« Madame la Princesse,

» Messieurs,

» L'Empereur avait déjà donné à l'agriculture bien des » marques de son intérêt, aux populations rurales bien » des témoignages de sa sympathie. Aujourd'hui Sa » Majesté donne une preuve nouvelle de sa sollicitude pour » les cultivateurs et pour l'éducation de leurs enfants, puis» que nous voyons une princesse de sa famille venir poser » elle-même la première pierre de l'établissement d'ins» truction primaire agricole que nous allons élever.

» Certes elle est grande cette marque de bonté, et l'on » n'a pas vu souvent des princes de famille souveraine » venir ainsi, dans une commune rurale, au milieu des » habitants de la campagne, présider à une œuvre d'in» térêt local ; mais elle est grande aussi l'œuvre que nous » fondons. Il y a dans l'arrondissement de Brest une foule » de riches familles de cultivateurs qui ont depuis long» temps le désir de faire donner à leurs enfants une

» instruction primaire complète et solide; et, comme » l'agriculture est en honneur dans ces vieilles familles » patriarcales de notre Armorique, elles veulent que leurs » enfants soient élevés dans l'amour de leur profession et » formés de bonne heure aux bonnes méthodes de culture. » La routine, en effet, est un vieux mot que nos cultiva- » teurs ne comprennent plus et auquel ils ont substitué » celui de progrès. Nous avons dû donner satisfaction à ce » vœu légitime, et, grâce à une haute protection, sans » laquelle nous n'eussions jamais atteint notre but, l'œuvre » sera fondée.

» Cet institut, quand il sera achevé, suffira à tous les » besoins. Les élèves y apprendront la lecture, l'écriture, » le calcul, les éléments de l'histoire et de la géographie, » l'arpentage, le nivellement, le drainage, les irrigations, » et suivront, dans une ferme voisine, un cours d'agricul- » ture pratique. Ces connaissances sont précieuses : elles » font les nations prospères. Mais il est une science plus » haute, qui fait les peuples forts, c'est celle des croyances. » Les instituteurs que nous avons choisis prenaient pour » devise, il y a quelques jours à Brest, dans une grande » solennité publique, ces mots : Dieu, la Patrie, l'Empe- » reur! Nous n'en voulons pas d'autre : avec ces trois mots » magiques, une dans sa foi religieuse, une dans sa foi » politique, la France peut soulever le monde.

» C'est ainsi, cultivateurs qui êtes accourus en foule » à cette cérémonie, que sera accompli le vœu que vous » exprimiez, il y a peu de temps, à S. M. l'Empereur, dans » une touchante adresse où vous lui disiez : » Dans cet » institut agricole, nos enfants apprendront à lire, à écrire, » et les bonnes méthodes de culture; mais ils apprendront

» bien plus encore à aimer l'Empereur, notre vénérée » Impératrice, le Prince Impérial, pour qui nous voulons, » quand il sera leur Empereur, qu'ils soient des cœurs » vaillants et dévoués jusqu'à la mort. » Je répète » textuellement vos paroles; elles sont trop patriotiques » et trop belles pour que j'y veuille changer un mot.

» Madame la Princessse, je ne veux pas abuser de la » parole que vous avez bien voulu me donner, et cependant, » en ce jour heureux, nous avons bien des dettes à » acquitter.

» Nous devons des éloges publics au vénérable et » ancien maire de Guipavas, M. Soulié; à son excellent » maire actuel, M. Kervern, et au conseil municipal, qui » ont accompli l'œuvre laborieuse de la fondation de cet » important établissement.

» Des remerciements sont dus également à M. Paul Cren, » l'un de ces patriarches de nos familles agricoles dont je » parlais tout à l'heure, qui a généreusement consenti à » faire abandon à la commune de ce beau champ, auquel il » tenait cependant comme un cultivateur tient à son bien.

» Tout, du reste, a été bonheur dans cette affaire. » Nous avons eu l'heureuse fortune de rencontrer un » de ces architectes jeunes, formés aux grandes études, » amoureux de l'art, pleins de goût, comme notre époque » en produit, M. Bourdais, qui nous a fait le beau plan » que nous allons exécuter et dont une lithographie re- » présente déjà les proportions grandes et simples.

» Soyez loués, vous tous aussi, Messieurs, qui êtes venus » en si grand nombre de Brest et des communes voisines » témoigner que, dans ce grand pays de France, tous les » cœurs battent à l'unisson, et que, comme l'Empereur,

» toutes les classes de la société sont pleines de sympathie » pour les cultivateurs.

» Soyez bénie, vous surtout, Princesse bienfaisante, » qui n'avez pas hésité à venir de loin donner ce témoi- » gnage nouveau de la sollicitude de l'Empereur pour les » populations rurales. Votre nom déjà était cher à la » Bretagne, étonnée et charmée depuis trois ans de voir » une princesse se donner la mission volontaire de défri- » cher ses landes. Vous venez de l'attacher aujourd'hui à » un nouveau bienfait pour lequel ce pays conservera une » reconnaissance éternelle.

» Que le grand nom de l'Empereur, enfin, couvre cette » œuvre, comme toutes celles qui, depuis dix ans, sous » son inspiration, font la France si glorieuse et si prospère. » C'est de Lui que nous tenons ces biens, c'est à Lui que » nous les rapportons ! »

Son Altesse s'est alors levée, et répondant à tout ce qui avait été dit, en quelques mots pénétrants et profondément accentués, en présence de toute une population qui retrouvait en elle non-seulement la figure, mais encore le cœur et le sentiment des Napoléons, elle a dit :

« MESSIEURS,

» C'est avec l'autorisation de l'Empereur que je suis » venue poser la première pierre d'un établissement qui » répond si bien aux vœux des populations.

» Vos enfants y trouveront en même temps l'éducation » morale et religieuse qui rend les hommes forts, l'ensei- » gnement agricole qui en fera des cultivateurs intelligents,

» capables de comprendre les améliorations et de les pra-
» tiquer.

» Ils défricheront leurs landes, faisant ainsi succéder
» l'aisance à la pauvreté.

» Les leçons reçues dans l'enfance ne s'oublient pas;
» aussi ai-je la conviction que tous seront dévoués à l'Em-
» pereur et à l'Empire dans la personne du Prince Impérial.
» Braves comme leurs pères, ils combattront toujours,
» marins ou soldats, pour la gloire de la France.

» Vive l'Empereur! »

Bien des cris de *Vive l'Empereur*, *Vive l'Impératrice*, *Vive le Prince Impérial*, avaient déjà suivi toutes les paroles qui avaient été précédemment prononcées; mais ce cri de Vive l'Empereur! prononcé par une princesse, nièce de Napoléon Ier, cousine germaine de Napoléon III, a produit sur les 18 ou 20,000 cultivateurs qui se trouvaient là un prodigieux effet. Répété par les dames et les personnes qui entouraient Son Altesse, par le clergé, par toutes les voix de cette foule immense, il a dû bien réjouir son cœur, d'autant plus que cette acclamation a été suivie de cris non moins nombreux et non moins pénétrants de *Vive l'Impératrice! Vive le Prince Impérial! Vive la Princesse!*

Cette cérémonie terminée, Son Altesse à voulu faire une visite à la maison de charité de Guipavas. Cette maison est dirigée par les sœurs de la Sagesse. Fondée depuis dix-huit mois à peine, elle a déjà produit un bien considérable. Les sœurs, suivant le vœu du conseil général, portent des secours aux malades et donnent l'instruction aux filles de la commune. La Princesse a été reçue dans cet établissement par les religieuses, par une nombreuse réunion de dames et par toutes les élèves. Ces enfants lui ont offert des fleurs et lui ont dit les plus jolis compliments. Elles l'ont priée de dire au Prince Impérial que tous les jours elles avaient une prière pour lui. On était sous de beaux ombrages. Une collation de lait et de fruits avait été préparée. Son Altesse a daigné y prendre part, s'est reposée là près d'une demi-heure, et semblait heureuse de tout ce qu'elle voyait.

Ainsi s'est terminée cette journée mémorable pour Guipavas, au fond de laquelle était une grande chose, une œuvre d'instruction et d'éducation populaire, qui rencontrera peut-être ses difficultés, cachet de toutes les bonnes choses, mais qui réussira, n'en doutons pas, et pour laquelle nous faisons toutes sortes de vœux.

Malgré la difficulté de se transporter à une distance de huit kilomètres, les principales autorités de Brest se trouvaient à cette cérémonie ; malheureusement, le préfet, retenu par le conseil général, et l'évêque, qui présidait un nombreux synode des prêtres de son diocèse, n'avaient pu venir assister à cette belle fête.

# ILE D'OUESSANT.

S. A. M^me la princesse Baciocchi, qui était venue à Brest présider à la cérémonie de Guipavas dont nous avons rendu compte, ayant appris combien les deux îles d'Ouessant et de Molène étaient dignes de son intérêt, a voulu s'y rendre, afin de voir elle-même leurs habitants et de donner ainsi aux populations maritimes un témoignage particulier de la sollicitude que l'Empereur a pour elles.

Une excursion à Ouessant est toujours difficile. C'est un voyage de trente-trois milles, c'est-à-dire de 60 kilomètres, à travers des écueils et des courants dangereux dans tous les temps. Mais le préfet maritime avait mis à la dispo sition de Son Altesse un des meilleurs avisos à vapeur de la marine, le *Souffleur*, aussi bien commandé que bien armé, et dont la marche était éclairée par de bons pilotes. Partie mercredi 4 septembre, à six heures du matin, accompagnée de M. Soumain, sous-préfet de Brest, de M. le marquis de Piré, son chevalier d'honneur, de M. Carof, lieutenant de vaisseau, aide-de-camp de l'amiral Pellion, qui, frappé tout d'un coup d'un malheur de famille, n'avait pu la conduire lui-même comme il en avait l'intention, de M. Monferand, son secrétaire des commandements, et de plusieurs autres personnes, la Princesse était de retour à 8 heures du soir, non sans avoir souffert de la mer, toujours tourmentée dans ces parages, mais ne regrettant ni sa peine ni ses souffrances. Elle venait de voir en effet le peuple qui assurément est le plus complètement voué au service de l'Etat et de l'humanité, et en même temps le plus oublié dans la répartition des faveurs et des bienfaits.

Jetée au milieu de mers redoutables, l'île d'Ouessant est la sentinelle avancée de l'ancien monde. Les hommes qu'elle nourrit semblent avoir une mission providentielle à remplir. Quand la tempête éclate, — et elle a, dans ces parages, des fureurs à faire trembler les cœurs les plus solides, — on voit s'élancer sur les lames les pilotes qui courent au secours des navires en perdition. Quand la France a besoin d'armer ses vaisseaux, un roulement de tambour suffit pour rassembler tous les hommes de l'île, jeunes et vieux, célibataires et pères de famille. L'abnégation et le dévouement sont l'instinct de cette race vaillante, comme le goût du bien-être et l'amour du gain sont le mobile d'autres populations. Mais les austères jouissances du sacrifice ne sont pas les seuls besoins de l'homme; il faut, pour qu'une population s'accroisse, qu'un pays produise au moins le pain nécessaire à la vie, et le but que la civilisation se propose est de donner, tout en élevant au plus haut point les caractères, la légitime satisfaction due aux besoins matériels. Or, si l'île d'Ouessant est riche de vertus mâles, elles est douloureusement pauvre de tout ce qui fait la vie douce. Elle a traversé les âges sans qu'une seule des améliorations qu'on voit ailleurs ait laissé sur elle son empreinte, et elle apparaît au regard telle qu'elle est sortie des mains du créateur.

Elle s'élève à pic du sein des eaux, et à une hauteur telle qu'il n'y a que les habitants de l'île qui soient capables d'escalader ces rochers gigantesques. De port, il n'y en a point, et c'est tantôt dans une crique, tantôt dans une autre, suivant le point d'où soufflent les vents, que les pilotes et les pêcheurs de l'île mettent leurs embarcations à l'abri. Rasée par les vents, pas un arbuste n'y pousse. Les chemins sont des sentiers crevés de fondrières ou hérissés de rochers. Trois grandes vallées qui traversent l'île de part en part et qui pourraient être ravissantes, sont encombrées d'eaux stagnantes et de joncs. Une belle plaine de 40 hectares, qui pourrait produire les plus riches moissons, est devenue un marais et un foyer de fièvres intermittentes. De l'orge, des pommes de terre, un peu d'avoine, telles sont les seules plantes cultivées dans l'île. Des troupes de moutons affamés, au nombre de 8 à 10,000, parcourent l'île en liberté pendant six mois de l'année et y dévorent tout. Les habitants n'ont pour nourriture que du pain d'orge cuit sous la cendre de goëmon, des pommes de terre et très-peu de poisson, car les hommes étant tous embarqués et l'île complètement enceinte de courants d'une violence extrême, la pêche est difficile et peu productive.

Voilà pour la situation matérielle.

En ce qui concerne la satisfaction à donner aux besoins religieux, moraux, intellectuels et à l'assistance publique, tout se résumait, il y a un an, dans une triste et pauvre église. Pas d'école de filles; pas le plus modeste asile où l'on pût recevoir les malades et les marins âgés qui, après avoir parcouru le monde entier et passé leur vie sur toutes les mers, reviennent souvent perclus de rhumatismes, amputés ou souffrants d'anciennes blessures.

Heureusement que l'air de l'Atlantique a des vertus tonifiantes qui suppléent à l'abondance de la nourriture. Les hommes d'Ouessant, en effet, sont constitués avec une vigueur qui résiste à tout, et ils traversent la zone torride, les mers glaciales, tous les pays et tous les climats, sans s'en apercevoir. Les femmes cultivent la terre, font les moissons, battent les récoltes. Dans ces rudes travaux, leurs forces se développent sans rien ôter à leur grâce, et quand, le dimanche, elles sont revêtues de leur simple costume noir et ornées de leurs cheveux tombants, elles ont une distinction que l'on rencontre rarement.

De même que l'air de l'Océan a suffi pour faire cette population robuste et belle, de même la religion a suppléé à toutes les lacunes de l'instruction, et a été le foyer où sont venues s'allumer ces vertus héroïques qui font des Ouessantins les premiers marins de la terre, et ces mœurs antiques qui font de leurs familles les plus patriarcales et les plus unies entre elles que l'on puisse trouver.

On comprend qu'informée de cette situation, Mme la princesse Baciocchi, qui aime les marins à l'égal des populations rurales, ait voulu voir l'île d'Ouessant, ses habitants, étudier sur place leurs besoins et en rendre compte à l'Empereur lui-même.

Les habitants, de leur côté, sentant toute l'importance

d'une visite à laquelle ils n'osaient croire, eux toujours oubliés sous tous les gouvernements depuis des siècles, étaient accourus sur mer ou sur terre au devant de la princesse. Quand le *Souffleur* a paru à l'entrée du grand courant qu'on appelle la *Jument*, tous les bateaux de l'île l'ont entouré, et c'était plaisir de voir cette flottille d'embarcations pavoisées, retentissant du cri de *Vive l'Empereur*, et de salves répétées d'armes à feu, au milieu de ces lames puissantes qui les soulevaient comme des coquilles de noix. Le *Souffleur* a rasé le rocher le *Corse* et est bientôt arrivé au fond de la baie de Porspaul. Son Altesse a débarqué, et comme si son premier pas devait commencer l'accomplissement des vœux de l'île, elle est montée la première par un escalier que les ingénieurs des ponts et chaussées, informés de sa venue, s'étaient hâtés de faire tailler dans le roc, et dont les habitants vont jouir désormais. Toute la population de l'île, qui s'élève à 2,500 habitants, était là assemblée et émue comme au jour le plus solennel de son histoire. C'est là qu'on a pu voir ce qu'est la vie de ce peuple de marins, et mesurer du regard toute l'étendue de ses sacrifices. Tous les hommes étaient embarqués sur les vaisseaux de l'Etat, et à peine en voyait-on, à la tête d'une foule de femmes, une centaine, vieux, infirmes, presque tous décorés de la croix de la Légion d'honneur ou de médailles d'honneur. Le sous-préfet a présenté à Son Altesse le maire et son conseil municipal, le curé et ses vicaires, les légionnaires et les marins retraités, puis les religieuses qui ont été récemment envoyées dans l'île. La Princesse a écouté, sous un arc de triomphe formé d'ancres, d'espars, de voiles et de pavillons, une très-belle adresse à Leurs Majestés, qui était comme un hommage de fidélité rendu solennellement à la dynastie impériale par l'île d'Ouessant.

Cette adresse, après avoir énuméré les besoins de l'île, se terminait ainsi :

« Mais ce qui est pour nous le comble de toutes les » faveurs, ce qui nous rendra inséparables de votre famille, » de votre dynastie, c'est qu'une princesse de la famille » impériale, S. A. la princesse Baciocchi, malgré la mer » et les passes si difficiles qui nous séparent du continent, » a bravé les dangers qui nous environnent pour venir » elle-même donner aux marins de cette île la preuve la » plus éclatante de la sollicitude de l'Empereur et de » l'Impératrice. »

Les jeunes filles ont ensuite offert à Son Altesse un bouquet de fleurs agrestes de l'île, avec un compliment simple comme ces fleurs, mais tout parfumé des plus délicats sentiments du cœur. L'une de ces jeunes filles, entourée de ses compagnes, lui a dit :

« MADAME,

» Si pour le service de l'Empereur et de la patrie nos » frères nous laissent les travaux des champs, notre cœur » n'en est pas moins ouvert à la reconnaissance. Dans cet » heureux jour où Votre Altesse nous montre tant de » bienveillance, nous goûtons une douce jouissance à » vous faire hommage, non-seulement de ces simples » fleurs qui seront sitôt flétries, mais bien des sentiments » de gratitude que le temps n'effacera pas de notre sou- » venir. »

La Princesse, touchée de ces sentiments, a remercié successivement le maire, le conseil municipal, les jeunes filles de l'île, des bonnes paroles qu'ils lui avaient dites pour l'Empereur et pour l'Impératrice; puis elle s'est rendue au presbytère, où elle a pris quelques instants de repos. Le curé avait eu l'attention de faire préparer un déjeuner. Son Altesse l'a accepté et a invité à y prendre prendre part avec elle, les autorités de l'île, les personnes qui l'avaient accompagnée et l'état-major du *Souffleur*.

A midi, toute la population, bannières et drapeaux en tête, est venue la chercher pour la conduire processionnellement sur le terrain où va être construit l'hôpital dont Leurs Majestés veulent doter l'île d'Ouessant. A cet hôpital doivent être annexées une maison d'habitation pour les religieuses, une école de filles et une chapelle, au sommet de laquelle sera placée une statue de la Vierge, étoile de la mer, que les marins apercevront de tous les points de l'Océan comme le plus lumineux des phares dans leurs dangers. Les fondations avaient été creusées en toute hâte, et Son Altesse, en posant la première pierre de cette chapelle, qu'elle a exprimé le désir de voir placer sous l'invocation de Notre-Dame-des-Mers, et qui va devenir le centre d'un établissement de charité complet, aura laissé à son passage dans l'île un grand bienfait.

Tout était préparé sur le terrain de la manière la plus gracieuse. Sous une grande tente avaient été disposés une estrade et un fauteuil pour la Princesse. Toute la population était groupée en avant, et de ce lieu, un des mieux situés de l'île, le regard embrassait la mer agitée, ses écueils gigantesques et la plus grande partie du territoire de l'île.

Avant de commencer la cérémonie de la bénédiction, le curé s'est approché de Son Altesse et lui a adressé les paroles suivantes :

« MADAME LA PRINCESSE,

» L'île d'Ouessant est fière de l'honneur qu'elle reçoit
» aujourd'hui. Cette île pauvre et ignorée, que séparent
» du continent une mer et des passes si difficiles, ne
» devait songer qu'à rester inconnue, et n'osait surtout
» espérer qu'une grande princesse viendrait la visiter.

» Notre digne et bien-aimé sous-préfet a fait connaître
» à Votre Altesse les grands besoins des insulaires.
» Aussitôt, Madame, vous êtes venue, bravant tous les
» dangers qui nous environnent, témoigner votre haute
» bienveillance pour les îles abandonnées.

» La foi vive et robuste des chrétiens des premiers âges
» a été jusqu'ici la seule richesse de notre île. Aujourd'hui
» la voie s'ouvre aux grandes améliorations matérielles.
» La nouvelle église qui s'élève et que S. M. l'Impératrice
» a déjà décorée de ses libéralités, la maison de charité
» qui se fonde, l'hôpital et les écoles qui se préparent,
» montrent combien la sollicitude impériale a compris
» le vrai progrès de ce peuple. Vous voulez, Madame, que
» l'île d'Ouessant se transforme sous la douce influence
» de la religion.

« Recevez, Madame la Princesse, l'hommage de notre
» profonde reconnaissance.

» Nos marins, déjà si dévoués et si intrépides, s'élan-
» ceront sur les mers avec une nouvelle ardeur pour le
» service de l'Empereur, et nous, Madame, en voyant
» prospérer notre île sous votre haut patronage, nous

» proclamerons nos augustes Souverains, l'Empereur et » l'Impératrice, au nom desquels vous venez, nos grands » bienfaiteurs. »

» *Vive l'Empereur !*

» *Vive la Famille Impériale !* »

Ce cri sacré de *Vive l'Empereur ! Vive la Famille Impériale !* religieusement proféré par le pasteur de l'île, que toute la population entoure de son respect et de sa confiance, a été acclamé avec un accent qui attestait la gratitude des cœurs.

Le curé a ensuite procédé à la bénédiction des fondations, et Son Altesse a posé la première pierre. Le *Te Deum* a alors été chanté, puis le *Domine Salvum.* L'écume blanche des lames que l'on voyait briser au large, la grande voix de la mer dont le bruit est éternel sur cette terre de granit et la lointaine harmonie des vents formaient l'accompagnement. Il n'est pas possible que des prières qui s'échappent ainsi de cœurs voués aux plus rudes sacrifices, au milieu des plus terribles choses que Dieu ait faites, ne montent pas vers le ciel.

Après ces prières, tous les petits mousses de l'île se sont ouvert un passage à travers la foule et sont venus présenter à la Princesse des écrevisses et des poissons étendus sur un lit de toutes les variétés connues de plantes marines, goëmons encore ruisselants de l'eau de mer, algues, varechs, zostères, etc. Puis ça été le tour des petites filles de l'école. Elles ont offert à la Princesse un mouton blanc et une paire de poulets, blancs également, avec le joli compliment qui suit et que l'une d'elles est venue dire avec les airs et les gestes les plus charmants :

« MADAME,

» Le bon Dieu me rend heureuse de m'avoir choisie du
» milieu de mes compagnes pour exprimer à Votre Altesse
» les sentiments de joie, de respect et de reconnaissance
» dont nos cœurs sont remplis.

» Notre bonheur a déjà commencé par les soins de M.
» le sous-préfet. Aujourd'hui, Madame, vous venez y
» mettre le comble. L'établissement qui va s'élever sous
» votre bienveillante protection est l'espoir de notre
» avenir.

» Les petites Ouessantines, Madame, ne seront jamais
» oublieuses de tant de bontés. Le nom de Votre Altesse et
» celui de la Famille Impériale seront toujours mêlés aux
» prières qu'elles adresseront au Seigneur pour qu'il
» daigne répandre sur tous ses bénédictions les plus
» abondantes. »

Les habitants de l'île avaient ainsi tous et tour à tour épanché leurs sentiments. Le sous-préfet leur a alors adressé les paroles suivantes :

« HABITANTS D'OUESSANT,

» Le jour de la justice finit toujours par venir pour les
» peuples comme pour les individus. Vous l'avez attendu
» pendant des siècles. Sous le règne de Napoléon III, il ne
» pouvait tarder davantage. Il se lève, et la princesse que
» vous venez de saluer à l'envi de tant d'espérances, vous
» représente un souverain qui, au-dessus de tous ses
« titres de gloire, a mis celui de père de son peuple.

» Ils vont donc finir ces longs siècles de souffrance où
» vous avez manqué des choses les plus nécessaires à la

» vie, de pain souvent, de culture intellectuelle toujours, » et où vous étiez, chose incompréhensible, vous les » hommes les plus entièrement voués au service de » l'Etat et de l'humanité, les plus déshérités de la grande » famille française.

» Mais au moment où cette aurore nouvelle projette » déjà son éclat sur votre vieux sol pour le réchauffer et » le féconder, au moment où vous allez goûter aux biens » de la civilisation, n'oubliez pas les traditions de votre » passé.

» Le progrès n'est bon qu'à la condition de ne rien » ôter à un peuple de sa grandeur morale, de la foi de » ses pères, de ses vertus antiques.

» Vous conserverez ces fières et mâles vertus qui ont » fait la force et l'honneur de l'île pendant des siècles; » vous continuerez à accomplir ces beaux actes d'in- » trépidité et de dévouement qui sont la trame même de » votre histoire locale; vous garderez cet attachement » fidèle à l'Empereur, à l'Empire, qui a fait votre » gloire, il y a un demi-siècle, qui va faire votre bonheur; » vous garderez la foi religieuse qui, selon une belle » parole que nous venons d'entendre, a été jusqu'à ce » jour votre seule richesse, — qui, de tous les biens, est » le premier et le meilleur.

» Restez unis. Les hommes sont insensés, quand à » leurs misères naturelles ils viennent ajouter leurs » inquiètes et vaines discordes. Cette union et cet heureux » accord, qui sont un des traits de l'île, vous ont permis, » sous la direction de votre bonne administration muni- » cipale, de votre respectable curé qui a rendu tant de » services à l'île, avec l'aide de votre excellent député et

» conseiller général, M. Conseil, avec le secours d'un » architecte aussi intelligent qu'il est dévoué, M. » Tritschler, grâce surtout au généreux intérêt que vous » a montré M. le Ministre de l'instruction publique et des » cultes, d'accomplir une œuvre qui semblait impossible, » l'édification de votre église et la fondation d'une maison » de charité. Des religieuses, longtemps souhaitées, sont » enfin venues, et déjà elles sont les sœurs de tous ceux » qui souffrent, les mères tendres de vos filles.

» Nous avons beaucoup à faire pour accomplir le pro- » gramme que nous tracions ensemble, le 8 avril dernier, » quand nous examinions, sur ce lieu même, les » améliorations qu'il convenait d'entreprendre dans l'île. » Mais nous avons un préfet qui seconde tous les utiles » projets, et si, retenu à regret au chef-lieu du départe- » ment, il n'est pas ici aujourd'hui, sa sollicitude, quoique » éloignée, n'en est pas moins toujours présente et active » pour les besoins des populations qu'il administre, qu'il » connaît si bien et qu'il aime.

» Nous avons aussi, et qui ne s'en réjouit dans ce vaste » arrondissement maritime, en M. l'amiral Pellion, si cher » à la Marine, si cher à tous, un préfet maritime qui vous » a déjà comblés des marques de sa bienveillance.

» Mais que vous dirai-je qui vaille ce que vous voyez? » Une princesse de la famille même de l'Empereur est » venue au milieu de vous. Elle avait entendu parler d'un » peuple généreux et pauvre, oublié au milieu des écueils » de la grande mer. Elle a traversé cette mer et ces écueils, » et elle est là, s'enquérant de vos besoins.

» Au-dessus de tout enfin, il y a le regard attentif de » l'Empereur, qui voit tout, qui féconde tout; le cœur de

» l'Impératrice, qui soulage toutes les souffrances, et qui » avait déjà découvert et consolé les vôtres.

» Reposez-vous donc sur les augustes bienfaiteurs en » qui vous avez mis votre foi, et chantez, car vous le » pouvez en vérité, le solennel *Te Deum* que vous venez » d'entonner comme en un jour de victoire. »

Son Altesse a bien voulu terminer cette mémorable cérémonie par quelques paroles qu'elle a laissées comme un adieu à la population qui l'entourait et qu'elle allait quitter :

« Habitants d'Ouessant,

» Ma présence dans votre île vous est une nouvelle » preuve de la sollicitude dont l'Empereur entoure les » populations les plus éloignées de son empire.

» J'espère que mon voyage ne vous sera pas inutile.

» Je rendrai compte à l'Empereur de vos besoins, et, » en appelant sur vous sa bienveillance et la bonté tou- » jours secourable de l'Impératrice, je vous aurai donné » la meilleure marque de mon intérêt. »

Ces paroles ont été recueillies avec de nouvelles marques de reconnaissance et les cris bien des fois répétés de *Vive l'Empereur! Vive l'Impératrice! Vive le Prince Impérial! Vive la princesse Baciocchi!*

Son Altesse, en regagnant le port, a visité la nouvelle église qui est en construction et qu'elle a trouvée fort belle. En passant devant la vallée du Prat-Meur, elle a exprimé au sous-préfet le désir que ce foyer de fièvres intermittentes qu'il lui avait signalé fût supprimé au plus tôt et que cette vallée marécageuse fût transformée en prairies dans toute sa longueur. Elle lui a fait remettre l'argent nécessaire pour exécuter immédiatement les travaux.

Une phalange de vieux débris des guerres du premier Empire attendait la Princesse sur le promontoire de Porspaul. Ils étaient une vingtaine, décorés de leurs croix et de leurs médailles, fermes encore dans leur attitude et le regard assuré comme il convient à des hommes qui ont vu de grandes choses. Ils ont porté la main à leur front chenu, comme si Napoléon les passait en revue, et ont remis à sa nièce, qui leur rappelait leur ancien capitaine, l'adresse suivante. Cette adresse n'a pas précisément passé par l'Académie française, mais elle a le souffle puissant de ces hommes héroïques qui, s'ils ne savent pas écrire très-correctement le français, ont pour longtemps, par leurs actions, taillé de la besogne aux poëtes et aux historiens.

« L'Ylle Douessant le 4 Septembre 1861.

« *A Votre Altesse.*

« *Entre nous serviteurs de l'Empire et chevaliers, porteurs de la médaille de Saint-Hélène, nous avons l'honneur de vous présenter nos respect en nous représentant devant Votre Altesse dont votre présence nous renouvelle le souvenir de notre ancien Empereur Napoléon Ier.* »

Cet incident inattendu a ému la Princesse. Il lui rappelait son glorieux oncle, fondateur de sa race. On a vu là combien le culte de cette grande mémoire vit dans le cœur de sa famille comme dans celui des peuples.

Le départ a eu lieu au milieu du concours de toute la population qui n'avait pas quitté un instant Son Altesse, et qui est restée longtemps sur les rochers de Porspaul, accompagnant d'un dernier regard et de ses vœux la seule princesse qui ait jamais pensé à venir poser le pied sur son territoire.

Il était tard; la brume, plus redoutable encore que les coups de vent dans ces parages semés d'écueils et traversés par des courants violents, se montrait à l'horizon, et le *Souffleur* n'a pu s'arrêter à l'île de Molène comme la Princesse l'avait projeté. Grâce aux habiles pilotes d'Ouessant et de Molène, Piton et Masson, qui ayant pêché dans ces cailloux, les connaissent tous, grâce surtout à son habile commandant M. le capitaine de frégate Dauriac, le *Souffleur* a pu prendre la ligne la plus directe, suivant en sûreté des passes dans lesquelles jamais bâtiment de la marine impériale ne s'était engagé.

A 8 heures, la Princesse était de retour, fatiguée, nous a-t-on dit, mais satisfaite de son voyage.

---

# ILE DE MOLÈNE.

Nous avons dit que S. A. M^me^ la princesse Baciocchi n'avait pu toucher à Molène, en revenant d'Ouessant, le 4 septembre ; mais Son Altesse eût regretté sans doute de ne pas réaliser l'espoir que les habitants de cette île avaient conçu en la voyant passer si près d'eux, et, sans se laisser arrêter par le souvenir de la rude traversée d'Ouessant, dès le surlendemain 6 septembre, elle a voulu accomplir une visite qu'elle pensait pouvoir leur être utile.

La petite île de Molène, d'ailleurs, avait des droits particuliers à son intérêt. On s'attache, en effet, aux populations par le bien même qu'on leur fait. Or les habitants de Molène sont depuis plusieurs années déjà les protégés de Son

Altesse. Informée, il y a trois ans, d'une épidémie qui sévissait cruellement dans l'île, elle leur a envoyé, du fond de sa terre du Morbihan, où la nouvelle de leur misère lui était parvenue, d'abondants secours. Elle a fait plus : elle a daigné entretenir l'Impératrice elle-même de ces pauvres insulaires ; et alors on a vu Sa Majesté, dont le cœur est si prompt à s'émouvoir, les combler de ses bienfaits. L'île fit alors deux parts des secours qu'elle recevait : l'une destinée aux besoins présents, l'autre à la fondation d'une maison de charité, afin d'éterniser le nom de l'auguste bienfaitrice qui avait eu pitié d'elle. Cette dernière part est depuis deux ans dans les mains du maire. Depuis lors les privations se sont succédé, les jours de jeûne sont venus ; pas un habitant n'a eu la pensée de toucher à cette part sacrée, et l'île la représente aujourd'hui intacte pour l'œuvre à laquelle elle l'a destinée. La reconnaissance des habitants de Molène pour ces augustes bontés fut, dès cette époque, si expressive et toucha si vivement M^me la princesse Baciocchi, qui en avait été l'intermédiaire, qu'elle voulut qu'ils gardassent un souvenir durable de son intérêt. Elle leur donna une riche bannière que les habitants regardent aujourd'hui comme le palladium de leur île, et que les femmes portent en procession, les jours de tempête, quand les pêcheurs sont surpris au large sur cette mer qui se lève en fureur au premier coup de vent, ou dans ces jours plus solennels encore, où les pilotes, entendant le canon d'alarme des navires en détresse, s'élancent tous de l'île pour porter secours. Alors ces pauvres femmes, mères, filles, sœurs, mêlent à haute voix leurs supplications au tumulte des éléments et invoquent la Vierge Marie que leur représente leur bannière.

C'était donc au milieu d'une population amie déjà et connue, quoiquelle ne l'eût pas vue encore, que la Princesse allait venir. Elle s'en réjouissait. Tout a favorisé du reste cette excursion. La mer s'était faite belle; le soleil était éclatant, l'atmosphère transparente, et Son Altesse a pu compter sur sa route et bien loin même au large tout cet archipel de rochers et d'écueils qui ont chacun leur nom et que le sous-préfet lui nommait au passage.

Depuis cinq jours les hommes étaient sur mer pour ne pas manquer une visite si heureuse pour l'île. A deux milles avant d'arriver, le *Souffleur* a été entouré d'une brillante flottille, composée de vingt bateaux, toutes voiles dehors, qui se sont rangés sur deux rangs pour le laisser passer, au milieu des cris et des hourras les plus enthousiastes. Le bateau à vapeur filant onze nœuds et ayant le jusant pour lui, a bientôt dépassé toutes ces blanches voiles qui lui ont fait escorte de loin. Mais les Molénais sont d'habiles marins qui savent tout calculer, marées, vents et courants. Pendant que le *Souffleur*, arrivé en vue de l'île, mouillait, et que l'on préparait les canots de débarquement, toute la flottille accourait pavoisée, chaque bateau ayant un bouquet à son mât, retentissant de salves d'armes à feu et d'acclamations prolongées. Quand tous ont eu rejoint le *Souffleur*, c'était plaisir de les voir, poussés par une fraîche brise de nord-est, voler sur les flots comme des hirondelles et enceindre le *Souffleur*, qui semblait un colosse au milieu de ces frêles embarcations, de leurs évolutions et de leurs jeux.

La plage était couverte de tout ce que l'île possède de femmes et d'enfants, réunis autour d'un arc de triomphe, ayant au milieu d'eux les autorités de l'île, c'est-à-dire le maire et son adjoint, le recteur et le syndic des gens de mer.

Quand le soleil éclaire cet îlot de Molène, on le voit de très-loin en mer, même du continent qui n'en est qu'à sept milles. Alors, avec ses maisons, toutes groupées sur un même point et qui forment amphithéâtre, il apparaît comme un mirage et semble une ville qui s'élève du milieu des eaux. Ce cher souvenir suit partout le Molénais, et quand, au retour de ses longues campagnes, il voit blanchir à l'horizon ce qui pour lui n'est plus un mirage, mais la réalité, le lieu où il a grandi, où il a essayé ses premiers pas sur l'embarcation paternelle, où il a eu ses joies, où il a souffert, la patrie enfin, il ne veut plus la quitter, et se fait pilote ou pêcheur.

Le canot qui portait Son Altesse s'est approché de la plage. Les habitants avaient préparé un radeau pour qu'il pût accoster et que la Princesse pût descendre facilement sans monter par les rochers; mais là les Molénais n'avaient pas très-bien calculé leur affaire. Au premier pas fait sur ce débarcadère, qui avait été cependant très-ingénieusement agencé, on l'a vu s'incliner légèrement dans l'eau. Le pauvre maire en était pâle et eût mieux aimé mille fois passer dans la lame d'une tempête que de voir la bienfaitrice de son île se mouiller la pointe des pieds. La Princesse l'a gracieusement tranquillisé. Pendant ce temps, tous les équipages des bateaux étaient descendus à terre, et, chose singulière, qui ne s'explique que par ce vif attachement qu'ont les Molénais pour leur rocher, et que nous venons d'indiquer, il y avait plus d'hommes dans cette petite île de 500 habitants que l'on n'en avait vu l'avant-veille à Ouessant.

La Princesse s'est avancée sur la plage, et à partir de cet instant jusqu'à son départ, ce brave peuple de Molène a semblé en délire. Son cœur était vraiment hors de lui-même, et, à chaque pose que faisait Son Altesse, ce n'étaient qu'acclamations, que cris de *Vive l'Empereur! Vive l'Impératrice ! Vive le Prince impérial ! Vive nos augustes bienfaiteurs! Vive la Princesse Baciocchi!*

Quand Son Altesse a été arrivée sous l'arc de triomphe, le maire, M. Coquet, l'a priée de daigner écouter l'expression des sentiments de l'île Molène, et il lui a dit ces paroles, simples dans leur forme, touchantes dans leur expression, comme les savent trouver les hommes qui vivent au milieu des choses de la nature, et ne cherchent qu'à exprimer ce qu'ils sentent :

« MADAME,

» L'île de Molène tressaille de joie. Jamais ses habitants » n'ont eu ni tant honneur ni tant de bonheur que ce » jour où vous daignez venir nous donner la preuve la » plus certaine de votre sollicitude.

» Permettez-moi donc, Madame, de vous offrir au nom » de ce petit peuple, comme en mon nom personnel, » l'hommage de notre reconnaissance et de notre vénéra- » tion. »

Le syndic des gens de mer, Rocher, décoré de ses médailles de sauvetage, qui se repose aujourd'hui de ses longs services, mais qu'on voit encore sur son bateau dans les grands jours de tempête, quand il faut porter secours, a offert à Son Altesse pour l'Empereur, pour l'Impératrice, pour le Prince Impérial et pour Elle, les vœux des marins.

La Princesse a remercié le maire, le recteur, le syndic Rocher, la population, des sentiments qu'ils lui exprimaient, et de tout ce qu'ils faisaient pour la recevoir;

puis elle s'est rendue à l'église, où le *Domine salvum* a été chanté.

Le cortége s'est ensuite dirigé vers l'emplacement où Sa Majesté l'Impératrice fait élever une maison de charité. C'est un établissement modeste, mais qui était bien nécessaire et qui va combler tous les vœux de l'île. Aucun secours, en effet, n'a été donné jusqu'à ce jour aux personnes malades. Il n'y a dans l'île ni médecin ni remèdes d'aucune espèce, et les habitants sont trop pauvres pour faire venir du continent, même dans les circonstances les plus graves, les soins et les secours dont ils auraient besoin. Il y a d'ailleurs, en hiver, de longues séries de jours, pendant lesquels l'état de la mer empêche toute communication avec le continent. Grâce à Sa Majesté, une maison va être construite; deux religieuses y seront appelées; elles auront une petite pharmacie, visiteront et soigneront les malades, et réuniront les filles de l'île pour les instruire.

Le recteur a dit les prières de l'Eglise, béni les murs de l'édifice qui s'élèvent déjà, et, quand la Princesse a eu posé la première pierre, il est venu épancher devant elle les sentiments de son cœur et ceux de ses paroissiens :

« MADAME,

» Je voudrais pouvoir dire à Votre Altesse, je voudrais » qu'elle pût lire elle-même ce qui se passe en ce moment » dans le cœur des habitants de Molène, en voyant au » milieu d'eux celle que, depuis longtemps déjà et avec » tant de raison, ils aiment à appeler leur bienfaitrice.

» Donner à leurs enfants, dans la personne des reli- » gieuses qui vont venir, comme une seconde mère qui » leur forme l'esprit et le cœur par une instruction solide » et chrétienne; à leurs pauvres malades, jusqu'ici trop

» souvent abandonnés, un ange consolateur qui accoure à » leur chevet pour leur prodiguer, en même temps que » les soins de l'art, les douces consolations dont la religion » seule donne le secret, c'est un bienfait dont ils appré- » cient toute l'étendue et qu'ils n'oublieront jamais. Oh ! » non ! ils ne l'oublieront jamais, et s'ils ne peuvent payer » autrement leur dette que par la prière, eh bien ! ils » prieront beaucoup, et pour l'Empereur qui leur a en- » voyé des vivres dans leurs jours de pénurie, et pour » notre bienfaisante Impératrice qui a fait à l'île un géné- » reux don pour la doter d'une maison de charité, et pour » vous, Madame, et pour le zélé magistrat de l'arrondisse- » ment qui n'a cessé de leur témoigner un touchant inté- » rêt, et à qui ils sont redevables d'être l'objet de vos » bontés.

» Bonne Princesse, votre présence sur cette plage aride, » entourée d'écueils, jamais visitée par des personnes de » votre rang, nous donne droit d'espérer de nouvelles » faveurs, particulièrement celle de l'agrandissement de » notre modeste église, déjà trop petite pour contenir ses » habitants, pauvres, il est vrai, mais braves et fidèles » serviteurs de la patrie.

» *Vive l'Empereur !*

» *Vive la Famille impériale !*

» *Vive la Princesse Baciocchi !* »

Ces belles et pénétrantes paroles de l'excellent recteur de Molène ont touché Son Altesse, qui lui a dit qu'elle n'oublierait pas son église.

La Princesse a parcouru l'île, dont la forme est à peu près circulaire, et qui a environ un kilomètre de diamètre. On n'y cultive que l'orge et les pommes de terre. Elle produit de quoi faire vivre la population pendant six mois. Les habitants demandent à la mer leurs autres ressources. Le pilotage leur donne un peu d'argent, mais la navigation à vapeur l'a rendu peu productif, et souvent le pilote de garde au sémaphore explore en vain la mer avec sa longue-vue, pendant de longs jours et de longues nuits. Les bateaux à vapeur passent au large à toute vitesse et ce sont les pilotes de Brest et du Conquet qui ont la plus large part des profits.

La principale industrie de l'île est la pêche des écrevisses. Les langoustes et les homards de Molène sont renommés pour leur délicatesse. Cette pêche est malheureusement encore peu fructeuse. Ces énormes langoustes que l'on n'achète pas moins de 7 ou 8 fr. à Paris, chez Chevet, sont livrées par les Molénais à 75 cent. ou 1 fr. au maximum.

Le congre que l'on prend en assez grande quantité complète la nourriture. A cette époque de l'année, les murs des maisons sont tous tapissés, depuis le bas jusqu'en haut, de ces grands poissons, que l'on fait sécher au soleil pour la provision d'hiver. L'adjoint Luneau, qui avait fait une pêche miraculeuse les jours précédents, en avait, jusque sur le devant de sa porte, une riche exposition.

L'incinération du goëmon, qui donne la soude, est devenue depuis trois ans une nouvelle ressource. Malgré cela, l'hiver est toujours dur à traverser. Les mauvais temps qui règnent alors ne permettent plus la pêche des écrevisses, et, quand arrivent les mois de mars et d'avril, époque où toutes les provisions sont épuisées, il y a des jeûnes cruels. Cette année même, si S. M. l'Empereur n'avait donné l'ordre d'envoyer des vivres aux habitants, les mois d'avril et de mai eussent été presque impossibles à traverser.

La Princesse, au moment de partir, a passé près du puits, qui s'ouvre tout béant et sans margelle, sous les pieds des passants. Elle a fait remarquer combien il était dangereux, et le maire lui a dit, en effet, qu'il y tombait quelquefois des enfants, mais que personne cependant ne s'y était encore noyé. Son Altesse a fait remettre au maire une somme de 600 fr. pour remplacer ce puits par une pompe et établir un lavoir couvert à quelques pas plus loin, dans un lieu où coule un filet d'eau. Elle a fait distribuer des secours à quelques vieillards, laissé ce qui était nécessaire pour donner une fête à tous les enfants de l'île, et c'est au milieu de nouvelles et retentissantes démonstrations de gratitude et d'attachement qu'elle s'est embarquée pour rentrer à Brest, où elle est arrivée à huit heures du soir.



Brest. — Imp. de J. B. Lefournier aîné.

www.ingramcontent.com/pod-product-compliance
Ingram Content Group UK Ltd.
Pitfield, Milton Keynes, MK11 3LW, UK
UKHW020443230726
13925UKWH00004B/1794

9 782014 445091